LES
TRIBUNAUX DE PRISES

DES

ÉTATS-UNIS

LETTRE A SIR TRAVERS TWISS

CONSEILLER DE LA REINE, ETC., ETC.

Par J. C. BANCROFT DAVIS

Ancien Sous-Secrétaire d'État des États-Unis
et ex-ministre des États-Unis à Berlin

> Quoique dans les jugements des tribunaux de prises des Etats-Unis, il puisse y avoir des passages qui prêtent à la critique en matière de doctrine légale, et quoique je sois loin de dire qu'ils ont toujours appliqué correctement les principes du droit aux faits de l'espèce, je ne connais pas une seule décision prononcée pendant la guerre par quelqu'un de ces tribunaux qui ne porte l'empreinte de l'intention honnête d'administrer la justice telle qu'elle est admise aux Etats-Unis; l'affaire du *Springbock* ne fait pas exception à la règle. Sur les trois points auxquels mon honorable ami a fait allusion, que les principes aient été ou non appliqués justement aux faits et aux témoignages, la décision rendue était basée sur des principes, justes ou faux, qui ont été ceux de nos propres tribunaux de prises pendant la guerre avec la France.
>
> *Sir R. Palmer (aujourd'hui Lord Selborne), membre de la Chambre des Communes. —12 février 1864.*

PARIS,

IMPRIMERIE DE E. BRIÈRE,

RUE SAINT-HONORÉ, 257.

—

1878

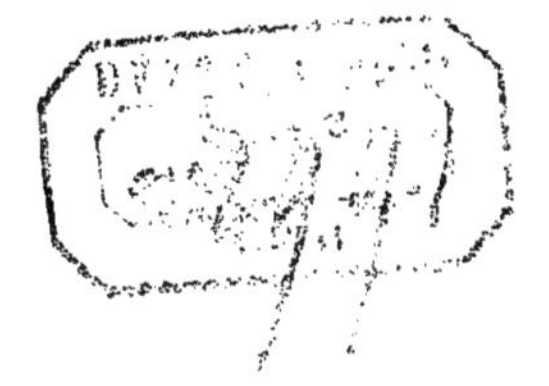

LES TRIBUNAUX DE PRISES

DES

ÉTATS-UNIS.

Au mois d'octobre dernier, l'auteur de cette lettre l'avait laissée à Paris pour qu'elle fût publiée; diverses circonstances imprévues ont retardé cette publication jusqu'à ce jour.

LES
TRIBUNAUX DE PRISES

DES

ÉTATS-UNIS

LETTRE A SIR TRAVERS TWISS

CONSEILLER DE LA REINE, ETC., ETC.

Par J. C. BANCROFT DAVIS

Ancien Sous-Secrétaire d'État des États-Unis
et ex-ministre des États-Unis à Berlin

> Quoique dans les jugements des tribunaux de
> prises des Etats-Unis, il puisse y avoir des passages
> qui prêtent à la critique en matière de doctrine
> légale, et quoique je sois loin de dire qu'ils ont
> toujours appliqué correctement les principes du droit
> aux faits de l'espèce, je ne connais pas une seule
> décision prononcée pendant la guerre par quelqu'un
> de ces tribunaux qui ne porte l'empreinte de l'in-
> tention honnête d'administrer la justice telle qu'elle
> est admise aux Etats-Unis; l'affaire du *Spring-
> bock* ne fait pas exception à la règle. Sur les trois
> points auxquels mon honorable ami a fait allusion,
> que les principes aient été ou non appliqués juste-
> ment aux faits et aux témoignages, la décision
> rendue était basée sur des principes, justes ou faux,
> qui ont été ceux de nos propres tribunaux de prises
> pendant la guerre avec la France.
>
> *Sir R. Palmer (aujourd'hui Lord Selborne), membre
> de la Chambre des Communes.* —12 *février* 1864.

PARIS,

IMPRIMERIE DE E. BRIÈRE,

RUE SAINT-HONORÉ, 257.

—

1878

LES TRIBUNAUX DE PRISES

DES

ÉTATS-UNIS.

⎯⎯⎯⎯⎯⎯⎯

Paris, 1er octobre 1877.

A Sir Travers Twiss, conseiller de la Reine, &c., &c.

Monsieur,

J'ai eu le plaisir de recevoir de vous un exemplaire de l'intéressante brochure lue par vous à la dernière réunion, à Anvers, de l'Association pour la réforme et la codification du droit des gens. Comme tout ce qui sort de votre plume consommée, quiconque se livre à l'étude du droit public ne saurait lire cette brochure sans intérêt. Quoiqu'elle ait pour titre nominal « Doctrine de la continuité des voyages », c'est, en réalité, la prise à partie des décisions que des tribunaux des Etats-Unis ont successivement rendues relativement aux navires anglais *Springbock* et *Bermuda*, ainsi qu'à leurs chargements, saisis en mer par des vaisseaux de guerre des Etats-Unis pendant la dernière rébellion. Il est à regretter qu'à la réunion de l'Association n'assistât aucun citoyen des Etats-Unis, qui se fût estimé en droit de prendre la défense de la procédure de nos tribunaux. En l'absence d'une plume plus habile, je vais tâcher, malgré mon insuffisance personnelle, de m'acquitter de cette tâche.

Un moyen de faciliter la discussion, c'est de commencer par établir les faits exacts qui se rattachent au *Springbock*. Il n'est pas nécessaire de s'appesantir sur ceux qui concernent le *Bermuda*. La principale critique faite de cette décision porte sur ce qu'elle a donné une extension abusive à la définition de la contrebande. Ceci n'oblige pas à un examen de tous les faits recueillis dans l'espèce.

Le *Springbock*, d'après ce que constataient ses papiers, appartenait à des sujets anglais et était commandé par le fils d'un des soi-disant propriétaires.

Dans la seconde année de la rébellion, il fut, de l'autorité du capitaine, frété à un sujet anglais, pour se rendre, avec un chargement de marchandises, à Nassau ou aussi près de ce port qu'il pourrait s'en approcher sans danger. Le capitaine avait ordre, en abordant à Nassau, de faire connaître son arrivée et de prendre dans ce port des instructions pour la livraison du chargement. Le navire fut saisi en haute mer, à une distance d'environ 150 milles de Nassau, où il se dirigeait. Son chargement était couvert par trois connaissements. Le connaissement n° 2 déclarait 666 colis de marchandises, dont 613 étaient des articles désignés spécialement, tels que thé, café, etc. ; les 53 autres colis étaient inscrits comme caisses, grands et petits barils. Ces 53 colis contenaient, en réalité, des médicaments et du salpêtre, dont les

Etats rebelles avaient alors grand besoin. Le connaissement n° 3 déclarait une balle et une caisse expédiées à Nassau. Le connaissement n° 4 déclarait 123 colis à destination de Nassau, décrits comme caisses, balles, boites et une malle. L'examen des colis portés sur les connaissements n°s 3 et 4 y a fait découvrir des couvertures grises et blanches à l'usage de l'armée, des boutons de marine marqués C. S. N. *(Confederate States Navy. —* Marine des Etats confédérés), des boutons pour soldats, marqués A (artillerie), I (infanterie) et C (cavalerie), tous portant sur le côté l'estampille de « Isaac Campbell et C°. » Il y avait aussi quelques sabres de cavalerie, des baïonnettes et une certaine quantité de bottes de soldats. La lettre à l'adresse du consignataire disait que toutes les marchandises étaient expédiées d'après des instructions reçues d'Isaac Campbell et Ce. En outre il résulta du témoignage oral du capitaine que toutes les marchandises étaient embarquées pour le compte des affréteurs, le thé, le café, etc., aussi bien que les articles militaires. A la demande qui lui fut faite s'il connaissait la cause de la saisie de son navire et d'autres détails, le capitaine répondit par des faux-fuyants, qui confirmèrent le tribunal dans ses soupçons.

Tels sont les faits principaux qui ressortent des papiers du navire et de l'interrogatoire du capitaine et de l'équipage. Mais, afin de faire comprendre nettement l'affaire, il est, de plus, nécessaire d'exposer certains autres faits bien connus, qui forment une partie importante des choses accomplies *(res gestæ)*.

Il était de notoriété publique à cette époque que les ennemis des États-Unis avaient organisé en Angleterre un service pour l'achat d'armes, de vêtements, de médicaments, etc., pour leurs armées en campagne, et que les déboursés de leurs agents étaient couverts par le produit du coton expédié au compte des insurgés. Il était également notoire que ce trafic se faisait par la voie de Nassau, où les marchandises apportées d'Angleterre dans de grands navires à vapeur étaient transbordées dans de plus petits bâtiments plus aptes à forcer le blocus.

M. Montague-Bernard nous a appris l'effet produit par ce trafic sur la ville de Nassau :

« Nassau, situé à proximité de la côte de la Floride et à trois jours de mer de Charleston, offrait des facilités exceptionnelles aux navires qui tentaient de forcer le blocus. Le port, ordinairement tranquille et presque vide, fut bientôt encombré d'embarcations de toute sorte ; ses quais et ses magasins devinrent l'entrepôt de chargements apportés de différentes contrées. Des agents du gouvernement confédéré y avaient fixé leur résidence et s'occupaient activement à seconder et à développer le trafic (1). »

Ces faits étaient aussi notoires que l'existence de l'état de guerre ; ils sont d'un grand poids dans cette discussion.

Lorsque le *Springbock* arriva dans un port des États-Unis, des poursuites furent entamées contre lui et son chargement. Je n'ai pas sous la main le rapport des procédures du tribunal inférieur. Je lis dans votre brochure que les États-Unis étaient représentés par un avocat, que ceux qui avaient opéré la saisie l'étaient aussi par un autre avocat ; qu'un avocat se présenta au nom des armateurs pour réclamer la restitution du navire, un autre pour réclamer le chargement au nom de MM. Isaac Campbell et Cᵒ, et un troisième pour un M. Begbee, qui réclamait tout ou partie de ce chargement.

---

(1) Neutrality of Great Britain (neutralité de l'Angleterre), page 299.

ur motion de l'avocat de ceux qui avaient opéré la saisie, on invoqua dans la cause et l'on fit entrer dans les dépositions à la charge du *Springbock* les preuves recueillies dans les affaires de la *Gertrude* et du *Stephen Hart*, alors en jugement devant le même tribunal. La *Gertrude* avait été saisie entre Nassau et les États-Unis, au moment où elle se dirigeait sur le port de Charleston ; le *Hart*, dans les eaux de la côte de la Floride. L'un et l'autre furent dans la suite condamnés. Aucune réclamation n'intervint jamais au sujet de la *Gertrude* ou de son chargement. La réclamation élevée à propos du *Hart* et de son chargement fut virtuellement abandonnée devant la Cour d'appel.

L'examen des preuves ainsi invoquées, établit d'une façon incontestable les faits suivants :

1° Que c'étaient les mêmes personnes qui se prétendaient propriétaires des chargements du *Hart*, de la *Gertrude* et du *Springbock ;*

2° Que les chargements des trois navires étaient identiques sous plusieurs rapports. Ainsi dans le chargement du *Springbock* il y avait une balle de couvertures de soldats marquées A 779, tandis que les numéros de A 780 à A 799 inclusivement, marqués absolument de même, se trouvaient à bord de la *Gertrude*. La ressemblance de plusieurs caisses démontrèrent d'une façon concluante que les marchandises à bord des trois navires faisaient partie d'une seule et même expédition. Le chargement du *Hart* se composait en grande partie de matériel de guerre.

Devant le Tribunal inférieur ni l'une ni l'autre des parties ne demanda à fournir de plus amples preuves. Le navire et le chargement furent à la fois condamnés. Cependant, sur appel et nouvelles plaidoieries, la Cour suprême des États-

Unis relâcha le navire, mais sans lui accorder de dommages, et condamna le chargement. Le séquestre du navire fut levé, malgré les déclarations peu franches du capitaine, parce que le caractère sincère des papiers, l'apparente bonne foi des stipulations de la charte-partie en faveur des armateurs et les dépositions des autres témoins détournèrent la Cour de toute conclusion sévère contre les propriétaires du navire ; mais, en raison des déclarations inexactes du capitaine et de la fausseté des connaissements, ni dépens ni dommages ne furent accordés aux réclamants. D'autre part, le chargement fut condamné, parce que la Cour était convaincue qu'il était tout entier destiné aux insurgés ; qu'il avait été dans le principe embarqué avec le dessein de forcer le blocus ; que ses propriétaires avaient l'intention de le faire transborder à Nassau dans quelque navire plus propre que le *Springbock* à réussir à gagner sans danger un port bloqué ; que le voyage de Londres au port bloqué constituait par rapport au chargement, tant en droit que dans l'esprit des parties, un seul et même voyage ; et que le risque d'être condamné, s'il était pris dans le cours de son voyage, pesait sur le chargement à partir du moment de sa mise à la mer.

Je ne crois pas que vous prétendiez qu'on ait commis une injustice matérielle à l'égard de ces parties. Cela serait, en effet, difficile à soutenir. Dans les procédures suivies à Washington pour faire la preuve de réclamations de sujets anglais contre les États-Unis, à propos de préjudices éprouvés pendant la guerre de la rébellion, les armateurs du *Spring-bock*, aussi bien que les propriétaires de son chargement, ont réclamé une forte indemnité. Les réclamants ont soutenu, comme vous le soutenez aujourd'hui, que la décision de la Cour suprême était injuste en droit et contraire aux témoignages ; mais la commission internationale, composée d'éminents jurisconsultes des Etats-Unis et d'Angleterre et présidée par l'ambassadeur actuel d'Italie à Constantinople, a maintenu à l'unanimité la décision de la Cour. Bien que je pusse opposer ce fait à vos arguments sur la question principale, je me contente quant à présent de le citer comme une preuve que les parties ont eu à leur portée d'amples moyens de se faire rendre justice et qu'ils n'ont pas réussi à démontrer la bonté de leur cause à la satisfaction d'un tribunal indépendant.

Bien plus, toutes les personnes qui connaissent les faits sont convaincues aujourd'hui, non-seulement que les soidisant propriétaires du chargement du *Springbock* avaient perdu leur caractère de neutres par suite de leur affiliation active aux ennemis des Etats-Unis; mais aussi que les vrais propriétaires étaient probablement les insurgés eux-mêmes. Aux fins de cette discussion, il suffit d'établir le premier de ces points, puisque la nationalité d'un réclamant est déterminée, non pas seulement par sa dépendance de tel ou tel souverain, mais encore par la conservation de sa neutralité, de fait comme de nom.

« C'est un principe reconnu que le trafic seul, indépendamment de la résidence, confère dans quelques cas un caractère hostile à l'individu ; et si un neutre s'engage pour prendre part à la navigation ennemie, cet engagement affecte non-seulement le navire particulier sur lequel ce neutre est employé, mais aussi tous les autres navires lui appartenant qui ne sont pas empreints d'un caractère national distinct. » (1).

---

(1) III Philimore, 2ᵉ édit., p. 728,

Il est vrai que quelques-unes des preuves qui établissent ces faits ont été produites depuis la décision du *Springbock*, et que par conséquent elles ne sauraient loyalement être prises en considération lorsqu'il s'agit d'apprécier cette décision. Nous pouvons, toutefois, sans injustice trouver satisfaction dans le fait que, quelle que soit la valeur de la décision en droit abstrait, les parties qui ont été déboutées de leurs demandes n'ont aucun titre à la sympathie.

Les objections que vous soulevez contre les procédures paraissent être en partie des objections de forme, et en partie des objections de fond.

Les objections de forme sont au nombre de deux.

Vous objectez : 1° que le tribunal inférieur a permis d'introduire dans la cause les preuves fournies à propos de la *Gertrude* et du *Hart;*

2° Que la Cour d'appel, après avoir reçu et pris en considération les preuves ainsi introduites, n'a pas renvoyé l'affaire à une autre audience, afin de permettre aux réclamants de présenter de nouvelles preuves.

Sur chacun de ces points, je vais, pour plus de certitude, citer vos propres paroles :

1° « Jusqu'ici, pour mentionner le langage du juge Story, déjà cité à propos d'une autre question, les procédures en matière de prises ont consisté à instruire la cause en première instance, d'après les témoignages provenant du navire, et à ne permettre en aucun cas aux capteurs d'invoquer des témoignages venant d'ailleurs *(aliunde)*, à moins qu'on n'ait accordé aux ayants-droit de fournir un supplément de preuves. « Mais, dans le cas du *Springbock*, on a laissé les capteurs invoquer des documents à la première audition, malgré l'opposition du conseil des ayants-droit, et ces documents ont fait partie des preuves sur lesquelles le tribunal s'est fondé pour faire valoir contre les ayants-droit le soupçon d'un voyage ultérieur du chargement vers un port ennemi. » (1).

Je n'ai pas sous les yeux la minute des procédures du tribunal inférieur. Dans le compte-rendu qui en est fait dans le rapport des procédures de la Cour suprême, quoi qu'il ne paraisse pas que les réclamants aient objecté à l'invocation des preuves en question, on peut bien présumer qu'ils l'ont fait, puisque cet acte a été un des principaux sujets des plaidoiries. Il est bien établi, toutefois, que les réclamants n'ont pas tenté, devant le tribunal inférieur, de rétorquer ou d'expliquer par de plus amples preuves les témoignages défavorables pour eux qui avaient été invoqués dans l'affaire.

2° « Il est hors de doute que la Cour suprême des Etats-Unis, après avoir prononcé un arrêt interlocutoire relaxant le navire, était libre de suspendre *motu suo* — de son chef, — sa sentence définitive concernant le chargement, et de permettre à ses propriétaires de faire un supplément de preuves, s'ils en avaient l'intention. Au lieu de cela, la Cour suprême, par ce que j'ose qualifier d'erreur de sa part, a insisté, comme circonstance condamnatoire, sur ce qu'elle a appelé « le fait très-remarquable : qu'aucune demande n'avait été faite par les ayants-droit d'autorisation à produire un supplément de preuves, afin de fournir quelque explication au sujet des vices des papiers relatifs au chargement. » (2).

Il est digne de remarque que ces demandeurs, dans leur instance subséquente devant la commission internationale,

---

(1) Page 17.
(2) Page 20.

avaient l'occasion de faire autant de duplique qu'ils voulaient, et aucun d'eux n'osa s'avancer jusqu'à attester la destination réelle du chargement ou l'intérêt qu'y avaient les armateurs.

Mais je pense qu'on peut faire une réponse plus complète à ces deux propositions. En temps de paix, la mer est un grand chemin sur lequel toutes les nations ont le droit de voyager sans être molestées par des perquisitions ou des inspections. Mais quand une nation entreprend une guerre, le consentement collectif des autres nations lui donne le droit d'arrêter le navire paisible d'une nation neutre et de le soumettre à une inspection ; bien plus, dans certains cas définis, de le saisir et de l'emmener dans un de ses ports, afin de faire condamner comme prises le navire ou le chargement, ou l'un et l'autre à la fois. La nation qui prononce la condamnation doit le faire par l'entremise de ses tribunaux, qui, bien qu'agissant à cet égard comme les agents du droit international, sont les créations du droit municipal. Leurs formes, leurs modes de procéder, leurs règles, leurs réglements tirent tous leur vitalité des lois de l'Etat dans lequel ils existent ; ils ne peuvent avoir ni force ni vigueur en dehors de ces lois. Quand donc la Cour suprême des Etats-Unis, siégeant comme tribunal en dernier ressort, a décidé qu'invoquer les preuves dont il est parlé plus haut n'entraînait pas une irrégularité incompatible avec l'exercice légitime de son pouvoir discrétionnaire, ni de nature à justifier la cassation du jugement du tribunal inférieur ou le refus d'examiner les documents introduits dans la cause ; et quand cette Cour a lancé son mandat de jugement définitif, elle a agi entièrement dans les limites de son autorité. Il n'appartient pas à un étranger de mettre en doute toute la régularité de ses procédures par rapport à ces formes, à moins que l'un ou l'autre de ces

actes ou tous les deux à la fois ne violent des droits reconnus,
soit d'après le droit municipal des Etats-Unis, soit d'après
les règles du droit international ; or on ne soutiendra ni l'une
ni l'autre de ces prétentions. Il peut se faire qu'un mode de
procéder différent, en vogue dans quelque autre pays, soit
plus ou moins de nature à seconder les fins de la justice ;
mais assurément il semble qu'en mettant les faits en lumière
on augmente la chance d'obtenir une conclusion juste ; et
quand la Cour a ordonné qu'on lui fournisse les preuves qui
ont produit ce résultat, il semble qu'elle a obéi à un précepte
du sens commun le plus ordinaire. Quoi qu'il en soit, c'est uniquement aux Cours des Etats-Unis de décider quelles formes
sont ou ne sont pas admises ou prescrites par leurs lois ;
et une fois qu'elles se sont prononcées, il n'y a plus rien de
pertinent à dire. Si une puissance étrangère pense que ses
sujets sont victimes d'un réel déni de justice, qu'elle ait recours à la voie des représentations politiques ; et, si les deux
puissances ne peuvent s'entendre, il y aura là ample matière
à arbitrage. Telle a été la ligne de conduite suivie par l'Angleterre et les Etats-Unis à l'égard des personnes qui faisaient
valoir leurs réclamations conformément aux dispositions
du traité de Jay ; c'est celle aussi qui a été suivie (aux termes
du traité de Washington) par rapport aux réclamants du
Springbock et de son chargement, et qui a eu le résultat que
j'ai déjà indiqué.

Les objections quant au fond soulevées contre ces décisions sont également au nombre de deux :

La première porte que ces décisions impliquent une extension injustifiable et insoutenable de la définition de la contrebande ; la deuxième, que ces décisions, et notamment celle
rendue dans l'affaire du *Springbock*, mettent en avant une doc-

trine nouvelle et insoutenable relativement à la continuité des voyages. Ici encore, pour plus de précision, je vais exposer les objections en vous empruntant vos propres expressions.

1° « Le terme « contrebande de guerre », par exemple, a dernièrement reçu dans les tribunaux de prises des Etats-Unis une interprétation dans un sens défavorable aux neutres, plus large que celle qui avait reçue dans les tribunaux de prises européens, à l'époque de la rédaction de la déclaration de Paris. Cependant ce terme donne en quelque sorte la mesure de la liberté assurée au commerce neutre par le second et le troisième article de cette déclaration ; et ce n'est pas trop s'avancer que de dire que, si la nouvelle interprétation récemment donnée au terme « contrebande de guerre » par la Cour suprême des Etats-Unis dans le cas du *Bermuda* (3, Wallace's Reports, p. 515) était adoptée par les tribunaux de prises de la moitié des puissances qui ont adhéré à la déclaration de Paris, cette déclaration, comme acte public, ne serait guère qu'un papier diplomatique de rebut, ou aggraverait les difficultés et les conflits entre les belligérants et les neutres, qu'elle était destinée à diminuer ou à prévenir. » (1)

J'ai relu avec soin tout le procès dans le compte rendu qui en est fait au troisième volume de Wallace, sans y rencontrer des opinions qui méritent une si rigoureuse condamnation. On y trouve, il est vrai, une incertitude d'expression, sur laquelle je vais revenir ; mais rien qui puisse franchement passer pour une interprétation du mot *contrebande* défavorable aux neutres, et encore moins pour une atteinte aux déclarations du traité de Paris, — traité auquel,

---

(1) Page 10.

il est bon de le faire observer, les Etats-Unis n'ont jamais donné leur adhésion. Les poursuites étaient dirigées à la fois contre le navire et contre le chargement. Le navire était réclamé par un certain Haigh, comme sujet anglais et comme propriétaire. La cargaison était réclamée par divers individus, tous sujets anglais. La Cour, après avoir passé en revue les preuves concernant le navire, dit que « la possession revendiquée par Haigh n'était qu'un prétexte et que le navire était condamné avec raison comme propriété ennemie. » Et, quant à la cargaison, elle dit : « Le chargement, ayant été tout entier consigné à des ennemis et se composant en majeure partie de contrebande, doit partager le sort du navire ». Je dois avouer sincèrement que les preuves semblent justifier cette double conclusion ; et si la Cour s'était arrêtée là, sa décision aurait été enregistrée et connue pour être, ce qu'elle était en réalité, un jugement de condamnation d'un navire ennemi, chargé de marchandises ennemies et pris en haute mer en temps de guerre.

Mais en faisant connaître l'opinion de la Cour, le président s'est livré, sur le caractère de contrebande du chargement et sur l'effet que cela devait produire sur le caractère du navire, à quelques réflexions, qui ont sans doute provoqué la critique dont je m'occupe. Il était avéré qu'une grande partie du chargement était de la contrebande dans le sens le plus strict du mot. La Cour prétendit que ce chargement était destiné aux insurgés et que les preuves présentées pour soutenir le contraire étaient entachées de fraude. Comme les parties n'ont jamais soumis l'affaire à la commission internationale, je pense que nous devons tous admettre que les conclusions de la Cour étaient probablement correctes ; et si elles étaient correctes, je ne vois pas comment nous pourrions nier que le chargement était en majeure partie de la nature de contre-bande. La Cour a ensuite ajouté que, même en admettant que Haigh fût le propriétaire du navire, elle ne pouvait douter que le *Bermuda* ne fût justement passible de con-damnation pour transport de marchandises de contrebande destinées à un port belligérant, dans des circonstances de fraude et de mauvaise foi, qui rendent le propriétaire, si Haigh était ce propriétaire, responsable pour participation à la guerre en violation de neutralité. »

Il me semble qu'il était tout à fait inutile à la Cour de poser cette hypothèse. L'affaire était jugée d'une façon inattaquable sans cela. Mais je ne puis comprendre non plus comment elle peut être le sujet de la critique qu'on en a faite. Nous avons les meilleures preuves que les parties elles-mêmes ne l'ont point envisagé ainsi, puisqu'elles n'ont point eu recours à la commission internationale, comme l'ont fait les propriétaires du *Springbock* et de son chargement.

2° « La Grande-Bretagne et les Etats-Unis d'Amérique ont exécuté dans toute sa rigueur la règle établie par les Etats généraux des Provinces-Unies en 1603, laquelle porte qu'un navire qui fait voile réellement pour un port bloqué dans l'intention de rompre le blocus peut être légitimement saisi à n'importe quel point de son voyage, et que ce navire peut être confisqué avec son chargement comme étant de bonne prise. Cependant, suivant de récentes décisions des tribunaux de prises américains, un chargement neutre, quoi-qu'il soit prouvé que le navire à bord duquel se trouve le chargement se rend dans un port neutre et que le capitaine n'a nulle intention de tenter de rompre le blocus, peut être condamné pour rupture de blocus, s'il y a des raisons de soupçonner que le chargement, après avoir été débarqué dans le port de destination du navire, sera rechargé à bord de quelque autre navire à la suite d'une vente ou d'une autre transaction, et transporté à quelque port ennemi qui est sous blocus. On peut citer l'affaire du *Springbock* et de son chargement (5, Wallace, p. 1) comme renfermant l'exposé le plus clair de cette nouvelle théorie (1)... »

J'observe avec plaisir que dans ce passage on ne conteste pas qu'un navire neutre puisse être saisi en haute mer, quand il est rencontré marchant vers un port bloqué dans l'intention de forcer le blocus. L'admission de ce principe est un grand pas fait vers la solution de cette discussion.

Si l'on prétend que, parce que les puissances parties au traité de Paris sont convenues qu'un blocus, pour être respecté, doit être gardé par des forces suffisantes, il s'ensuive qu'on ne peut saisir en pleine mer un navire faisant voile avec intention de violer un blocus, je réponds que je doute qu'aucune des puissances maritimes parties au traité précité comprenne avoir pris un engagement de ce genre. Les Etats-Unis, du moins, n'ont point pris cet engagement. Ils affirment encore leur droit incontestable et conforme à la pratique acceptée des nations, — droit qu'ils ont exercé pendant la dernière guerre, — de saisir en haute mer un navire qui fait voile vers un port bloqué avec intention de violer le blocus.

Si, ce droit concédé, on se borne à contester le droit affirmé de saisir les navires et leurs chargements dans des circonstances analogues à celles dans lesquelles le *Springbock* a été saisi, je préfère, avant de discuter ce point, me reporter aux rapports officiels, afin de voir exactement ce que la Cour a dit.

---

(1) Pages 15 et 16.

Dans l'affaire de la *Bermuda*, la Cour dit : « Cela ne fait aucune différence que la destination pour le port rebelle fût ultérieure ou directe ; la question de la destination ne saurait être affectée par le transbordement à Nassau, si ce transbordement avait été projeté, car il ne pouvait rompre la continuité du transport du chargement. L'interposition d'un port neutre entre le départ neutre et la destination belligérante a toujours été l'expédient favori des porteurs de contrebande et des violateurs de blocus ; mais il ne leur profite jamais lorsque la destination finale est constatée. Le transport d'uu point à un autre ne cesse pas d'être continu tant que le but n'en est pas changé, quels que soient les relâches et les transbordements qu'il subisse..... »

Il semble n'y avoir pas de raison pour que cette doctrine sensée et établie ne s'applique pas à chaque navire, lorsque plusieurs sont employés successivement dans une seule entreprise, telle que le transport d'un chargement de contrebande à un belligérant. La question de responsabilité doit dépendre de la bonne ou de la mauvaise foi des armateurs des navires. Si une partie du voyage est licite et que les armateurs du navire qui porte le chargement dans cette partie du trajet en ignorent la destination finale et ne louent pas leur navire en vue de cette destination, le navire ne peut être responsable ; mais si la destination ultérieure est la cause connue qui les a poussés à entreprendre le voyage partiel, et que le navire soit employé à ce premier voyage en vue de celui qui doit le suivre, alors la responsabilité, quelle qu'elle soit, qui s'attache au voyage final, doit peser aussi sur le premier trajet entrepris avec le même chargement en vue de la continuation de son transport.

Dans l'affaire du *Springbock* la Cour dit : « Déjà, dans l'af-

faire du *Bermuda*, où des marchandises, destinées finalement
à un port belligérant, sont transportées entre deux ports
par un navire neutre en vertu d'une charte-partie faite de
bonne foi pour ce voyage et sans connivence frauduleuse de
la part des armateurs par rapport à la destination ultérieure
de marchandises, nous avons jugé que le navire, quoique
passible de saisie, et, partant, de la confiscation des marchandises, n'est pas condamnable comme prise... Si l'intention
réelle des armateurs était que le chargement fût débarqué à
Nassau pour venir, au moyen d'une vente réelle, grossir la
masse des marchandises de l'île, le chargement doit leur être
rendu... Qu'il contienne de la contrebande ou non, le chargement ne saurait être condamné, s'il est réellement destiné
à Nassau et non à un port plus éloigné ; mais, qu'il renferme
de la contrebande ou non, il doit être condamné, s'il est destiné à un port rebelle, car tous les ports rebelles sont sous
blocus... En somme, nous ne pouvons douter que le chargement n'ait été dans le principe expédié pour forcer le blocus.»

Les Anglais et les Américains sont justement fiers du caractère de leurs tribunaux nationaux. Les passions politiques,
des influences extérieures irrégulières, l'impulsion même du
patriotisme sont considérées comme impuissantes à faire dé-
vier un juge des Hautes Cours nationales de ses convictions
d'équité. Autant qu'il est possible de se figurer un homme qui
soit l'incarnation du pur esprit de la raison exempte de passions, nous nous plaisons à croire que cette incarnation ré-
side dans le cœur des juges de ces Cours. Amis et ennemis,
compatriotes et étrangers reçoivent d'eux la part de justice
impartiale qui leur est due. Notre devoir envers la Cour
américaine, dont la décision est aujourd'hui contestée comme
ayant été influencée par des inspirations patriotiques, est

donc de nous assurer en quoi consiste l'objet de la contestation.

La première proposition de la Cour porte qu'une chartepartie par un neutre pour le transport d'un port neutre à un autre port neutre de marchandises à destination finale d'un port belligérant, faite de bonne foi et sans connivence frauduleuse de l'armateur par rapport à la destination finale des marchandises, ne rend pas le navire passible de condamnation comme prise. Je pense que ce point ne sera pas contesté.

On soutient, en second lieu, que si l'on a l'intention réelle de débarquer le chargement, qu'il contienne de la contrebande ou non, au port neutre d'arrivée et de le vendre pour grossir la masse des marchandises de l'endroit, le chargement n'est point passible de confiscation et doit être rendu, s'il a été saisi. J'imagine que cette proposition sera également approuvée.

Enfin la Cour dit que lorsqu'il y a intention frauduleuse de faire indirectement ce qu'on ne peut faire directement, lorsque le port intermédiaire est employé comme expédient frauduleux par un ennemi afin d'atteindre le port bloqué, le belligérant ne peut par cet acte frauduleux être dépouillé du droit de saisie dont il aurait joui autrement.

Je n'entends pas qu'on doive donner à ces affaires une portée autre que celle-ci : Quand une Cour est convaincue par preuves : 1° que les marchandises, contrebande ou non, sont réellement embarquées pour un port ennemi bloqué ; 2° qu'elles ne sont pas destinées au port où elles sont nominalement consignées ; 3° que la tentative de les faire passer comme destinées à ce dernier port est entachée de fraude ; et 4° que ces marchandises doivent être transbordées dans un autre navire qui doit les conduire au port bloqué, les Cours auxquelles ressortit le belligérant qui a opéré la saisie ont le même droit de condamner ces marchandises, qu'elles auraient eu, si le navire avait été dirigé sur le port bloqué.

Je ne comprends pas non plus que, dans les cas où il n'y a point de preuve de fraude qui puisse convenablement être considérée comme allant jusqu'à *l'évidence,* la Cour doive se prononcer sur de simples *soupçons.* Ceci élimine de l'affaire un élément fort important, mentionné dans le mémoire lu devant l'Association.

Nous voilà donc arrivés à une appréciation claire et nette du point exact sur lequel diffèrent la Cour suprême des Etats-Unis et les jurisconsultes qui la critiquent, et nous sommes dans une meilleure situation pour mesurer la justice de ces critiques.

D'abord il est à observer que les vues de la Cour, qu'elles soient saines ou non, sensées ou non comme doctrines abstraites, sont néanmoins d'accord avec ce qui était la jurisprudence reconnue du pays à l'époque où elles ont été émises, reconnue dans des décisions antérieures des tribunaux anglais, reconnue aussi par la Cour des Etats-Unis. D'après ce courant de décisions, les parties au procès avaient des droits fixes, que la Cour ne pouvait pas faire autrement que de respecter. La Cour n'était pas un corps législatif, ayant le pouvoir d'adapter les lois à ses doctrines personnelles de justice abstraite ou de convenance politique. Son devoir était d'appliquer les lois existantes de manière à protéger des droits acquis sous leur empire, et c'est ce qu'elle a fait.

En témoignage de mon assertion sur la jurisprudence anglaise, je cite votre mémoire. Vous dites :

« Ce fut pour atteindre cette nouvelle forme d'aventure tentée par les neutres afin d'aider le commerce d'un ennemi, et pour empêcher l'importation dans les ports de la mère-patrie des produits des colonies d'un ennemi, ou *vice versâ* par une voie de transport licite en apparence, mais mensongère en réalité, que lord Stowell prit sur lui d'inventer la théorie, comme on l'a nommée, de « la continuité du voyage », en l'enveloppant d'un langage qui a permis aux tribunaux de prises des Etats-Unis de l'appliquer d'une façon plausible à une catégorie très différente de cas. Car, tandis que le but de lord Stowell était d'empêcher les neutres de se livrer à un commerce irrégulier destiné à venir en aide à l'ennemi, et qu'il avait soin de ne jamais condamner le neutre que si le caractère hostile de l'aventure était établi d'une façon concluante par la saisie du chargement dans le cours de son voyage ultérieur pour se rendre au port ennemi, les tribunaux de prises des Etats-Unis, dans les cas plus récents dont je vais parler, se sont montrés plus rigoureux à l'égard des neutres que ne l'avait jamais été lord Stowell ; ils ont, en effet, condamné la propriété neutre pendant qu'elle se rendait *de facto* d'un port neutre à un autre, et dans des cas où un voyage ultérieur pour se rendre à un port ennemi n'était que matière à conjectures. » (1)

L'objet que la Cour suprême avait en vue et le but que lord Stowell cherchait à atteindre ne sont-ils pas identiques ? L'une, aussi bien que l'autre, essayait de prévenir un trafic « licite en apparence, mais mensonger en réalité » ; et je ne puis mieux décrire ce que tentaient de faire Isaac Campbell

---

(1) Pages 12 et 13.

et Cie qu'en adoptant ce que vous dites vous même des personnes assignées devant le tribunal de lord Stowell.

Je ne puis voir aucune corroboration de principe dans la distinction que vous faites entre une saisie opérée après le départ du port neutre intermédiaire et une saisie antérieure à l'arrivée dans ce port. C'est simplement une question de preuves. Les deux faits me paraissent rentrer également dans le principe que le voyage à partir du port primitif d'expédition au port de la destination finale est un seul et même voyage. Dans le cas de saisie après le départ du port intermédiaire, il est plus facile de prouver la destination finale des marchandises que dans le cas de saisie avant l'arrivée dans le port; mais j'ai dit déjà qu'on ne peut supposer cette destination; il faut qu'elle soit prouvée par des témoignages à la satisfaction de la Cour. Cette observation fait disparaître la pâle distinction que le mémoire cherche à établir.

La Cour, dans son opinion, cite d'autres autorités anglaises à l'appui de sa doctrine de la continuité des voyages. Elle rappelle que sir William Grant a établi le principe, qui n'a jamais été ébranlé, que même le débarquement de marchandises et le paiement de droits n'interrompt pas la continuité du voyage du chargement, à moins qu'on n'ait sans arrière-pensée l'intention de faire entrer les marchandises dans l'approvisionnement du pays; que si l'on a l'intention d'envoyer les marchandises plus loin à une destination illicite, la continuité du voyage ne sera pas interrompue, à l'égard du chargement, par les transactions auxquelles on se sera livré dans le port intermédiaire (1).

Ces cas et d'autres cas anglais qu'on pourrait rappeler,

____

(1) The William, 5 Robinson's Adm. R. 395.

ainsi que les cas américains mentionnés par la Cour, paraissent ne plus laisser de doute raisonnable que la Cour dans sa décision n'a fait qu'énumérer les principes de droit en vigueur en Amérique à cette époque. Je pense que le passage que j'ai cité du discours de sir Roundell Palmer m'autorise à croire que les tribunaux de l'Angleterre professent les mêmes principes. Quant à savoir si l'on servirait les intérêts publics du monde en substituant à ces principes les vues qui dominent dans votre mémoire et en conformant les lois en vigueur depuis si longtemps en Amérique et en Angleterre aux opinions des éminents juristes dont vous invoquez l'autorité, c'est là une question grave, sur laquelle on peut bien ne pas être du même avis.

L'extrait du *Times*, que vous qualifiez à juste titre de judicieux, est ainsi conçu :

« Le droit international doit être la substance d'un sens commun plus parfait que toutes les autres lois, puisqu'il n'existe point de pouvoir suprême pour le faire respecter et que ses problèmes d'une nature variable ne peuvent jamais être résolus que par un appel au jugement ou au sentiment de l'humanité. » (1)

Ne pouvons-nous pas logiquement conclure que les règles de conduite internationale sanctionnées depuis tant d'années par les deux principales puissances maritimes du monde ont en elles quelque chose qui s'adresse à ce sens commun élevé, et qu'elles ne doivent pas être regardées exclusivement comme des restrictions onéreuses imposées au commerce neutre ?

Les droits du commerce neutre ne doivent être défendus

---

(1) P. 11.

par personne avec plus de zèle que par un Américain. Nous sommes une nation de producteurs, dont la neutralité est la condition normale. Heureusement tenus par l'Océan, qui nous sépare de l'Europe, à l'écart de toute participation aux bouleversements politiques et aux complications dynastiques de l'ancien monde, et mis à l'abri par notre propre force de tout conflit sérieux avec les autres puissances sur notre continent, nous sommes, comme nous l'avons toujours été, les défenseurs des droits des neutres. Une fois nous avons poussé notre résistance jusqu'à l'extrémité de la guerre ; à plusieurs reprises nous avons réglé nos différends sur ces points au moyen d'arbitrages pacifiques. J'ai confiance que le jour est encore éloigné où les Etats-Unis cesseront d'être au premier rang parmi les défenseurs des droits des neutres de bonne foi.

Le jour est encore plus éloigné où l'Amérique se fera le défenseur et le soutien d'une neutralité fictive. Dans votre mémoire, vous parlez de la « fiction de la continuité du voyage ». Qu'il me soit permis de penser que cette expression est plutôt applicable à la neutralité des parties qu'aux voyages qu'elles projettent et qu'elles entreprennent. Quand on se rappelle que le *Bermuda* a été condamné comme étant un vaisseau ennemi et n'a pas appelé de ce jugement, et que la décision de la plus haute Cour nationale d'appel, qui condamne le *Springbock*, a été maintenue en appel devant un tribunal international, on ne peut s'empêcher de croire que c'est abuser du mot « neutre » que de l'appliquer à ces parties.

De tout temps et dans tous les pays, il y a eu des mauvaises gens disposés à entreprendre des guerres privées sous le couvert d'un pavillon neutre. Les législatures font

de savantes lois pour empêcher cela ; mais l'esprit d'aventure
entraîne les êtres turbulents et les insensés, malgré les restrictions de la loi. Ces individus n'épargnent aucun effort
pour vaincre la répugnance des neutres et les forcer à prendre
part à la guerre, et quand leurs plans échouent, ils invoquent
l'aide du gouvernement dont la protection leur est acquise,
et du pavillon duquel ils abusent, pour détourner les consé-
quences de leurs actes. Les faiseurs, dont les mésaventures
vous ont inspiré votre mémoire, étaient de cette trempe-là.
Heureusement ils n'ont pas réussi à mettre votre pays aux
prises avec le mien. Il n'est certainement pas de notre intérêt
d'introduire, à leur avantage, de nouveaux principes dans le
droit international.

J'ai l'honneur d'être, Monsieur, votre très-obéissant ser-
viteur,

J.-C. BANCROFT-DAVIS.

Paris.—E. Brière, imprimeur breveté, 257, rue Saint-Honoré.